ERNST HEINITZ

Die Individualisierung der Strafen und Maßnahmen
in der Reform des Strafrechts und des Strafprozesses

SCHRIFTENREIHE
DER JURISTISCHEN GESELLSCHAFT e.V.
BERLIN

Heft 4

Berlin 1960

WALTER DE GRUYTER & CO.

vormals G. J. Göschen'sche Verlagshandlung · J. Guttentag, Verlagsbuchhandlung
Georg Reimer · Karl J. Trübner · Veit & Comp.

Die Individualisierung der Strafen und Maßnahmen in der Reform des Strafrechts und des Strafprozesses

Von

Professor Dr. Ernst Heinitz

Senatspräsident beim Kammergericht

Vortrag
gehalten vor der
Berliner Juristischen Gesellschaft
am 3. Februar 1960

Berlin 1960

WALTER DE GRUYTER & CO.

vorm. G. J. Göschen'sche Verlagshandlung · J. Guttentag, Verlagsbuchhandlung
Georg Reimer · Karl J. Trübner · Veit & Comp.

Archiv-Nr. 272760/4

Satz und Druck: Berliner Buchdruckerei Union G. m. b. H., Berlin SW 61

1.

Montesquieu hat im XI. Buch, Kapitel VI, des „Esprit des lois"
die Forderung erhoben, die Gesetze sollten klar und bestimmt sein;
die Richter dürften lediglich die Aufgabe haben, die Worte des
Gesetzes auszusprechen, als „unbelebte Wesen, die seine Kraft und
seine Strenge nicht ändern können" („les juges de la Nation ne
sont que la bouche qui prononce les paroles de la Loi, des être
inanimés qui n'en peuvent modifier ni la force ni le rigueur").
Beccaria[1]) zog daraus die Folgerung, das Gesetz müsse zwar milde,
aber fest bestimmt und unfehlbar in seiner Anwendung sein, so
daß nicht einmal Gnadenerweise des Souveräns mit dem Recht vereinbar seien.

In Artikel VIII der Erklärung der Menschen- und Bürgerrechte
fand diese Forderung ihren klassischen Ausdruck: Das Gesetz darf
nur die absolut und offensichtlich notwendigen Strafen festsetzen,
und niemand darf anders bestraft werden als durch ein vor der
Straftat festgesetztes und verkündetes Gesetz. Das französische
Gesetz vom 25. September 1791 unternahm in Anwendung dieser
Gedanken den bemerkenswerten, in der neueren Strafrechtsgeschichte
einzigartigen Versuch, die Gleichheit vor dem Gesetz durch Fest-
setzung von bestimmten Strafen für jedes Delikt unter Aus-
schaltung jeder Ermessensfreiheit bei der Rechtsanwendung zu ver-
wirklichen. Gerade diese formale Gleichheit jedoch führte zu Un-
gerechtigkeiten; denn es ließ sich schließlich nicht verkennen, daß
alle Straftatbestände in schwererer oder milderer Form verwirklicht
werden können. Daß Ungleichartiges gleichbehandelt wird, wenn
ein kleiner Notbetrug ebenso bestraft wird wie ein großes Betrugs-
manöver, durch das Hunderte von Menschen schwer geschädigt
werden, ist offensichtlich. So wählte dann der Code Napoléon von
1810 einen Mittelweg zwischen der Willkür des Ancien Régime
und der Starre des Strafgesetzes von 1791: Für die Delikte wurden
feste Strafrahmen geschaffen, so z. B. für Diebstahl die Strafe von
1 bis 5 Jahren Gefängnis. In sehr beschränktem Umfang wurden

---

1) Dei delitti e delle pene, Cap. XX.

mildernde Umstände zugelassen; Gesetze von 1824 und 1832 dehnten später allerdings die Möglichkeit der Zuerkennung mildernder Umstände auf alle Delikte aus und gaben dem Richter damit eine größere Ermessensfreiheit. Diesem System der festen Strafrahmen folgten auch die Strafgesetze der deutschen Staaten im 19. Jahrhundert, darunter das Preußische Strafgesetzbuch von 1851, und das geltende Strafgesetzbuch.

Von völlig neuen kriminologischen und rechtlichen Erwägungen gingen dann italienische Gelehrte aus. Nachdem der Turiner Arzt Cesare Lombroso seit 1874 Studien über die Verbrecher veröffentlicht hatte, unterschied Garofalo in einem 1877 erschienenen Aufsatz von der Generalprävention, der Abschreckung, die Individual- oder Spezial-Prävention. Die letztere müsse jederzeit vor der General-Prävention den Vorrang haben. Für eine an den Notwendigkeiten der Individual-Prävention zu messende Strafe dürfe nicht die Schuld, sondern müsse die Gefährlichkeit des Täters den Ausschlag geben. Enrico Ferri faßte in seinem bedeutenden Werk[2] 1880 die neuen Gedanken zusammen. Er brachte als Erster den Gesichtspunkt, daß man die verschiedenen Typen der Verbrecher unterscheiden müsse, und teilte diese ein in Gelegenheits-, Gewohnheits-, Leidenschafts- und geborene Verbrecher sowie geistig Anormale.

In Anlehnung an die Italiener, aber doch in eigenartiger und selbständiger Ausbildung, stellte Franz von Liszt[3] im Marburger Programm 1882 den berühmten Satz auf, nicht Verbrechensbegriffe, sondern Täter seien zu bestrafen. Individualisierung der Sanktionen je nach der Eigenart des Verbrechers muß hier etwas völlig anderes bedeuten als Individualisierung der Strafe je nach der Eigenart der begangenen Tat. Es ist bekannt, daß von Liszt auf der einen Seite leidenschaftliche Anhänger, auf der anderen Seite heftigsten Widerspruch fand, beginnend mit der höhnischen Bemerkung Bindings, der Satz, der Täter und nicht die Tat sei zu bestrafen, sei von jener Art, wo das Auge vergeblich nach dem erlösenden Druckfehler suche, bis zu der Behauptung Birkmeyers, für ein eigentliches Strafrecht lasse die These von Liszt's keinen Raum mehr. Wir brauchen diesen Schulstreit, der in den folgenden Jahrzehnten in ganz

---

[2] „I nuovi orizzonti del diritto e della procedura penale."
[3] Aufsätze I Seite 165.

Europa die Kriminologen beschäftigte, hier nicht weiter zu verfolgen. Unabhängig von der Grundfrage, ob die Strafe in erster Linie der Sühne und Vergeltung begangener Verbrechen oder aber der Prävention zukünftiger Straftaten dienen solle, setzte sich doch überall der Gedanke durch, daß im Interesse einer wirksamen Verbrechensbekämpfung die strafrechtlichen Sanktionen Tat und Täter mehr angepaßt, also individualisiert werden müßten. Dementsprechend wurde die Berechtigung der Reformforderungen gegenüber bestimmten Verbrechertypen mehr und mehr anerkannt und in der Gesetzgebung zahlreicher europäischer Länder verwirklicht. So erging in Frankreich das Gesetz vom 27. 5. 1885 über die Relegation der Gewohnheitsverbrecher; das Gesetz vom 26. 3. 1891 führte die bedingte Strafaussetzung (sursis) für die Ersttäter ein, das Gesetz vom 22. 7. 1912 die Sonderbehandlung der Jugendlichen. Es ist kein Zufall, daß damals die sehr bedeutende Monographie Saleilles über die Individualisierung der Strafen erschienen. In Belgien wurde die bedingte Strafaussetzung nach französischem Muster durch Gesetz vom 31. 5. 1888 eingeführt. In England erging 1887 der Probation of First Offenders Act, der eine Zweiteilung des Verfahrens in Schuldausspruch und Strafzumessung vorsah, nachdem einzelne amerikanische Staaten (Massachusets seit 1869/70, Boston seit 1878) vorangegangen waren; seit dem Gesetz vom 21. 8. 1907 gab es die Schutzaufsicht in England.

Deutschland folgte zunächst nur zögernd. Die bedingte Strafaussetzung wurde seit Ende des 19. Jahrhunderts als Gnadenmaßnahme von den einzelnen deutschen Staaten durch Landesgesetze und Verordnungen eingeführt. Nach dem 1. Weltkrieg wurde durch das Geld-Strafen-Gesetz vom 21. 12. 1921 bestimmt, daß an Stelle einer an sich verwirkten Freiheitsstrafe auf Geldstrafe zu erkennen ist, wenn der Strafzweck hierdurch erreicht werden kann. Daß eine solche Bestimmung nicht ohne Eingehen auf die besondere Persönlichkeit des Täters getroffen werden kann, ist ohne weiteres ersichtlich. Schließlich setzte sich der Gedanke einer auf die Persönlichkeit des Täters zugeschnittenen Strafsanktion im Jugendgerichtsgesetz von 1923 durch.

Als dann durch das Gesetz gegen gefährliche Gewohnheitsverbrecher von 1933 auch in Deutschland die Zweispurigkeit eingeführt wurde, fügte das Gesetz in seine Tatbestände täterschaftliche

4

Elemente ein: So in § 20 a StGB, der die Strafschärfung bei Begehung mehrerer vorsätzlicher Straftaten von der Feststellung ab-
hängig macht, daß die Gesamtwürdigung der Taten ergibt, daß der
Täter ein gefährlicher Gewohnheitsverbrecher ist. Auf die Entwicklung dieser Gedanken in der nationalsozialistischen Zeit kann
ich hier nicht näher eingehen; echte nationalsozialistische Gedanken, wie derjenige des Übergangs von der Rechtsgüterverlet-
zung zur Pflichtverletzung, vermischten sich mit fortschrittlichen
kriminalpolitischen Anliegen. Bockelmanns vorsichtige, aber auch
heute noch bedeutsame Habilitationsschrift „Studien zum Täterstrafrecht" zeichnete die verschiedenen Strömungen getreulich ab.
Der Mezgersche Gedanke, neben der Einzeltatschuld eine Lebensführungsschuld anzuerkennen, die offensichtlich nicht von der einzelnen Tat her, sondern von der Gesamtpersönlichkeit des Täters
ihren Sinn erhält, trug wesentlich zur Vertiefung bei[4]); der Ausdruck „Lebensführungsschuld" stammt von Lenz[5]). Täterschaftliche
Gedanken fanden Eingang in die Gesetzestechnik, so bei der Neufassung des Mordparagraphen, der nicht den Mord, sondern den
Mörder zu definieren sucht.

Die Rechtsprechung blieb eher konservativ. Soweit sie täterschaftliche Elemente in den Tatbestand hineinkonstruierte, geschah
das häufig, um die übermäßig harten und grausamen Strafen der
politischen Strafbestimmungen zu mildern — wenn man beispielsweise forderte, daß heimtückische Angriffe gegen den Staat und
die Partei, Wehrkraftzersetzung und dergleichen auch aus einer entsprechenden Gesinnung hervorgehen müßten — oder aber, um
übermäßig weit gefaßte Tatbestände vernünftig einengen zu können, wie z. B. im Wirtschaftsstrafrecht oder in der bekannten Zu-
hälter-Entscheidung des Reichsgerichts, nach der die schweren und
diffamierenden Strafbestimmungen der ausbeuterischen Zuhälterei
auf denjenigen keine Anwendung finden dürfen, der dem Tätertyp
des Zuhälters nicht entspricht[6]).

Nach dem Zusammenbruch 1945 wagte sich die Doktrin nur mit
großer Vorsicht an täterstrafrechtliche Gedanken, die mit dem
Odium nationalsozialistischen Gedankenguts belastet waren. Die

---

4) ZStW, Bd. 57, S. 688 ff.
5) Mitteilungen der Kriminolog.-biologischen Gesellschaft V S. 19.
6) RGSt. 73, 172.

Idee einer größeren Anpassung der Sanktionen an den Täter fand zunächst in der sehr bezeichnenden Entwicklung und Vertiefung der Lehre von der Strafzumessung Ausdruck.

Inzwischen erfolgte von anderer Seite ein Anstoß, die Individualisierung von Strafen und Maßnahmen als eines der Kernprobleme der Strafrechtsentwicklung zu untersuchen. In Genua wurde 1947 die Société internationale de défense sociale gegründet. Ihr traten bedeutende Kriminologen aus europäischen und außereuropäischen Ländern bei. Sie trat in engste Beziehungen zu der weltumfassenden, seinerzeit von von Liszt, Prins und von Hameln gegründeten Internationalen kriminalistischen Vereinigung (Association internationale de droit pénal). Das Gewicht der Kriminologen und Strafrichter, die in der Défense Sociale eine leitende Stelle einnehmen, wie Graven, M. Ancel, van Vrij, Radzinowicz, ist auf internationalen Kongressen sehr bedeutend. Zu einem der entscheidenden Programmpunkte der Défense Sociale gehört die Individualisierung von Strafen und Maßnahmen[7]. In dem Hauptwerk, das über die Défense Sociale erschienen ist, „La défense sociale nouvelle" von Marc Ancel, wird als entscheidend für die neue Einstellung zum Strafrecht das Studium der Persönlichkeit des Verbrechers bezeichnet[8]. Fern von den einseitigen alten positivistischen und soziologischen Schulen soll der Richter mit Hilfe von Sachverständigen, Ärzten, Psychologen und Soziologen die Persönlichkeit des Täters studieren. Wie dies im einzelnen geschehen kann, ist auf einer Reihe von wissenschaftlichen Tagungen in den letzten 10 Jahren untersucht worden. Unter Leitung von Marc Ancel ist im Institut für Rechtsvergleichung der Pariser Universität der Sammelband „Die Individualisierung der Maßnahmen gegen den Verbrecher" („L'individualisation des mesures prises a l'égard du délinquant") erschienen. Klarheit besteht bei den Vertretern der neuen Richtung namentlich darüber, daß eine solche Persönlichkeitserfor-

---

[7] Vgl. den Grundsatz Nr. 4 des von dem 1. Kongreß der Défense Sociale angenommenen Programms: „Die richterlichen Entscheidungen müssen getroffen und ausgeführt werden unter besonderer Berücksichtigung der Persönlichkeit des Verbrechers und sie müssen durch wissenschaftlich individualisierte Maßnahmen zur sozialen Wiedereingliederung des Verurteilten streben" („Les décisions des juridictions doivent être prises et exécutées en tenant compte notamment de la personalité du criminel et tendre, par des mesures scientifiquement individualisées, à l'adaption sociale du sujet").

[8] a.a.O. S. 135 ff.

6

schung nur durch Umgestaltung des Strafprozesses erreicht werden könne. Es muß ein besonderes „dossier de personalité" geschaffen werden, das die Feststellungen über die Täterpersönlichkeit vereint. Ferner wird von zahlreichen Kriminalisten aus Frankreich, Belgien, Italien, den nordischen Ländern, aber auch Nord- und Mittelamerika, die Zweiteilung des Strafprozesses gefordert; der Schuldfeststellung soll die Strafzumessung nicht unmittelbar folgen, sondern erst nach Abschluß der notwendigen Feststellungen über die Persönlichkeit des Täters. Mindestens soll in der Vollstreckung der Richter weitgehende Vollmachten haben, wie sie ihm überall dort gegeben sind, wo das unbestimmte Strafurteil üblich ist. In Frankreich hat die neue kriminologische Bewegung bereits gesetzgeberischen Niederschlag gefunden: Durch Gesetz vom 23. 12. 1958[9]) ist der Vollstreckungsrichter (juge de l'application des peines) geschaffen worden, der für den Verurteilten bedingte Strafentlassung und andere Maßnahmen des allmählichen Übergangs vom Gefängnis zur Freiheit anordnen oder Gutachten über Art und Weise der Strafvollstreckung vorbereiten soll. In dem gleichen Gesetz ist die Persönlichkeitsforschung, die bisher nur in Jugendgerichtsprozessen vorgeschrieben war, für das Verfahren gegen Erwachsene vorgesehen. Der Untersuchungsrichter hat selbst oder durch besonders dazu bestellte Persönlichkeiten eine enquête über die Persönlichkeit des Beschuldigten vorzunehmen, ferner über ihre materiellen, sozialen und familiären Verhältnisse. Diese Untersuchung ist obligatorisch bei Verbrechen (crimes), fakultativ bei Vergehen (délits). Bemerkenswert ist, daß das medizinisch-psychologische Examen von einem Arzt vorgenommen werden muß. Der Arzt kann einen Psychologen beiziehen, das Gutachten muß aber grundsätzlich von einem Arzt erstattet werden. Die Ausführungsvorschriften bestimmen, daß ein besonderes Aktenstück über die Persönlichkeit jedes Verbrechers anzulegen ist. Vouin führt in einem Aufsatz über l'individualisation de la répression dans le Code de Procédure pénale[10]) aus, daß der Gesetzgeber hierdurch der ebenso starken wie berechtigten Forderung nach einer Individualisation de la répression nachgekommen sei[11]).

---

[9]) Vgl. Malherbe in Revue criminelle de science comparée, 1959, S. 635 ff.
[10]) Revue de science criminelle 1959, S. 291 ff.
[11]) Vgl. dazu auch Herzog, La défense sociale et le Code de procédure pénale, ebendort S. 450 ff.

2.

Ein Studium dieser Fragen ist für die deutschen Strafrechtler von besonderer Bedeutung in dem Augenblick, in dem die strafrechtliche Reform in ein entscheidendes Stadium getreten ist. Der Regierungsentwurf nebst Begründung soll in diesen Tagen veröffentlicht werden. Er wird sicherlich noch einer sehr langen Beratung in den gesetzgeberischen Körperschaften bedürfen, aber es ist jetzt der Augenblick, in dem Wissenschaft und Praxis Stellung nehmen müssen. Schon sind Stimmen im Ausland laut geworden, der deutsche Strafrechtsentwurf sei zu konservativ, er sei nicht in ausreichendem Maß kriminologisch fundiert und stelle im Grunde eine „neuklassische Kodifikation" dar[12]). In Deutschland hat Bauer noch radikaler und schärfer den Entwurf abgelehnt; ihm schwebt ein System von Sanktionen vor, die je nach der Natur und Eigenart des Verbrechers abgewandelt werden müssen. In recht zurückhaltender Form, aber doch sachlich sehr entschieden fordert Peters[13]) ein zweigleisiges Strafrecht und Strafverfahren: Die Zufalls- und Gelegenheitskriminalität, soweit bei ihr nicht im einzelnen Grund zur Annahme einer tieferen Verwurzelung besteht, sei auf Grundlage des Tatstrafrechts zu behandeln; die Kriminalität mit stärkerer Persönlichkeitskomponente (bei drohender oder bestehender krimineller Anfälligkeit oder krimineller Behaftetheit) erfordere eine Behandlung nach Tätergesichtspunkten. Daraus zieht Peters die Folgerung, daß eine Reform des materiellen Strafrechts nicht ohne gleichzeitige Reform des Strafprozesses sinnvoll sei.

Gerade umgekehrt ist Richard Lange[14]) der Ansicht, die deutsche Strafrechtsreform habe allzu lange unter dem gefährlichen und schiefen Schlagwort von der Individualisierung der Strafen gestanden. Darin fehle gerade das Entscheidende: Daß die Strafe, von welchem kriminologisch-politischen Gesichtspunkt aus auch immer verhängt, die unantastbare Ordnung des allgemein verbindlichen Rechts zum Ausdruck zu bringen habe. Auch die Bewertung der Tat sei im Zeichen der Individualisierung im Hinblick auf das Täterstrafrecht fast direktionslos dem Richter überlassen, indem man weitgehend die normalen Strafrahmen durch „mildernde Umstände"

---

12) Graven, Internationales Colloquium über Kriminologie und Strafrechtsreform 1957, S. 72; von Bemmelen ebendort S. 80.
13) Grundlagen der Strafrechtsreform, Seite 22.
14) Schweizer Zeitschrift für Strafrecht 1955, S. 375.

und „besonders leichte Fälle" aufgelockert und für ihre inhaltliche Bestimmung nur praktische, unverbindliche Generalklauseln des Allgemeinen Teils vorgesehen habe.

Zwischen diesen entgegengesetzten kriminal-politischen Möglichkeiten muß man sich entscheiden. Ich will versuchen, Ihnen hier kurz meinen Standpunkt darzulegen. Dabei kann es nicht meine Aufgabe sein, meine kriminal-politische Grundeinstellung gegenüber andersartigen Auffassungen vollständig zu begründen oder gegen mögliche Einwendungen zu verteidigen. Das wäre in einem Problemkreis, der so oft durchdacht worden ist, in dem die wissenschaftliche Erkenntnis überall an die Grenzen des wertenden Bekennens stößt, wenig sinnvoll. Es soll vielmehr untersucht werden, welches die vernünftigen Grenzen einer sinnvollen Individualisierung von Strafen und Maßnahmen sind, inwieweit rechtsstaatliche Gesichtspunkte hier eine unüberschreitbare Schranke bilden, und wie Strafgesetz und Strafprozeß ausgestaltet werden müssen, um eine größere Individualisierung zu ermöglichen.

3.

Individualisierung der Strafen und Maßnahmen: Das bedeutet zunächst, die Rechtsfolgen der Straftat nicht allein nach der Tat zu bemessen, sondern sie der Persönlichkeit des Täters anzupassen. Eine solche Individualisierung ist möglich sowohl unter dem Gesichtspunkt der Schuldangemessenheit wie auch unter dem der Individualprävention. Freilich meint derjenige, der eine stärkere Individualisierung der Rechtsfolgen der Straftat befürwortet, in der Regel damit, daß die Strafe nicht lediglich nach dem Sühnegesichtspunkt bestimmt werden solle; aber auch im Rahmen eines reinen Schuld- und Vergeltungsstrafrechts hat die Frage nach den Grenzen der Individualisierung Sinn.

Hier begegnen sich nun zwei entgegengesetzte Tendenzen. Auf der einen Seite hat sich die Strafzumessungslehre seit 1945 verfeinert und vertieft. Das Werk von Dreher über die gerechte Strafe, Spendels Monographie über das Strafmaß, eingehende Abhandlungen in Kommentaren[15] und in Lehrbüchern[16] sowie eine Reihe

---

[15]) Schönke-Schröder, 9. Auflg., Vorbemerkung VIII vor § 13, Jagusch in LK, 8. Auflg., B I 1 und 2 vor § 13.
[16]) Maurach, Allgemeiner Teil, 2. Auflg., Seite 660 ff.

von Aufsätzen haben eine sehr bedeutende Vertiefung unserer Erkenntnis gebracht, namentlich auch eine Reihe von Fehlerquellen
aufgedeckt, wodurch das irrationale Element wenigstens teilweise
zurückgedrängt und die Feststellung der Strafbemessungstatsachen
als Grundlage einer vernünftigen Strafbemessung erkannt werden
konnte. Ganz mit Recht hat Bruns in einem Aufsatz über den
gegenwärtigen Stand der Strafzumessungslehre[17]) bemerkt, auf dem
Gebiet der Strafzumessung sei der Übergang vom Tat- zum Täterstrafrecht nicht mehr zu bestreiten: Die Erkenntnis von der täter-
bezogenen Strafzumessung sei gesicherter Bestandteil der Straf-
rechtswissenschaft- und praxis unserer Tage. Die Verhängung einer
angemessenen Freiheitsstrafe ohne zuverlässige Persönlichkeitsforschung einschließlich aller subjektiven Tendenzen und Motive
der Tat sei schlechterdings unmöglich. Ich habe die Frage, wieweit
die Persönlichkeit in der Strafzumessung zu berücksichtigen ist,
in meiner Erlanger Antrittsvorlesung[18]) behandelt. Es ist daran
festzuhalten, daß auch im Rahmen eines Schuldstrafrechts für die
Bemessung der Höhe der Schuld die Persönlichkeit des Täters von
Bedeutung ist, allerdings mit der auch im § 20 a StGB bereits ent-
haltenen Einschränkung, daß die persönlichen Eigenschaften, die für
die Strafzumessung herangezogen werden, nicht außer jeder Beziehung zur Tat sein dürfen. Dieser Gesichtspunkt hat bei den Be-
ratungen der Strafrechtskommission darüber, wie weit vor oder nach
der Begehung der Tat liegende Umstände bei der Strafbemessung
zu berücksichtigen sind, eine erhebliche Rolle gespielt. Es ist viel
erörtert worden, inwieweit durch die Berücksichtigung der Persönlichkeit des Täters der Rahmen des Schuldstrafrechts gesprengt
werde, da man wohl verantwortlich gemacht werden könne für die
einzelne Tat, nicht aber für die von Anlage und Umwelt stark be-
stimmte Entwicklung der Gesamtpersönlichkeit. Die bereits oben
erwähnte Mezgersche Untersuchung über den Begriff der Lebensführungsschuld zielt darauf ab, die Vereinbarkeit der Täterwürdi-
gung mit dem Schuldgedanken zu erweisen. Man ist hier vielleicht
zu weit gegangen, wenn man versucht hat, zwischen schuldhaft
erworbenen Eigenschaften und solchen, die sich zwangsläufig und
ohne Zutun des Täters aus inneren und äußeren Umständen er-
geben haben, zu trennen. Dagegen habe ich schon seinerzeit geltend

---

17) NJW 1956, 44.
18) ZStW Bd. 63, S. 60 ff.

gemacht, daß eine solche Unterscheidung zwischen schuldhaft und schuldlos erworbenen Persönlichkeitskomponenten nicht nur praktisch völlig unmöglich ist, sondern vor allem auch innerlich nicht begründet ist, da man im Leben einzustehen hat für das, was man ist, ohne Rücksicht darauf, wie man dies geworden ist[19]). Aber der Gedanke der Lebensführungsschuld hat sich durchgesetzt; auch der Entwurf erkennt sie an, wie die Begründung 1958 § 62 S. 63 ergibt: dort wird ausgeführt, daß Lebensführungsschuld die Verwerflichkeit der Tat steigern könne.

Eine solche Individualisierung und Verfeinerung der Strafzumessung tritt freilich in Gegensatz zu einer anderen kriminalpolitischen Forderung, die in den letzten Jahren nachdrücklich geltend gemacht worden ist, und zwar derjenigen, den Ermessensbereich des Richters bei der Strafzumessung zu beschränken. In diesem Sinne sind die oben wiedergegebenen Ausführungen Langes gegen das gefährliche und schiefe Schlagwort von der Individualisierung zu verstehen. Weiter hat z. B. Sarstedt der Forderung in seinem Referat auf dem 41. Deutschen Juristentag[20]) beredten Ausdruck gegeben. Er führt das Beispiel einer Revision an, die geltend gemacht hatte[21]), in Rheinland-Pfalz sei ein Delikt mit 1 Jahr 2 Monaten Gefängnis bestraft worden, für das im benachbarten Hessen gewöhnlich nur eine Geldstrafe ausgeworfen werde. Darauf, daß eine solche Revision keinen Erfolg haben kann, kommt es hier nicht an. Es ist Sarstedt zuzugeben, daß der Gleichheitsgrundsatz verletzt ist, wenn regional für gleichartige Straftaten durchschnittlich ganz verschiedene Strafen verhängt werden. Daß solche Fälle nicht vereinzelt sind, ist bekannt. Allein im 12. Band seiner Entscheidungen in Strafsachen hat der Bundesgerichtshof zweimal aussprechen müssen, das Gericht sei an eigene und fremde Entscheidungen in gleichliegenden Fällen bezüglich des Strafmaßes nicht gebunden und auch nicht zur Auseinandersetzung mit solchen Entscheidungen verpflichtet; jedes Gericht habe vielmehr in eigener Verantwortung zu entscheiden, so daß Beweisanträge hinsichtlich der Höhe der durch andere Gerichte verhängten Strafen zurückzuweisen seien, wenn auch möglichst eine gleichmäßige Beurteilung

---

19) Zustimmend Engisch in ZStW Bd. 55, S. 362/363.
20) Sonderabdruck D S. 58 ff.
21) BGHSt. 1, 184.

gleichliegender Sachverhalte durch die Gerichte anzustreben sei[22]).
Sarstedt führt aus, es sei aus rechtsstaatlichen Gründen verfehlt,
daß der Gesetzgeber dem Richter die ganze Verantwortung für die
Strafzumessung aufgebürdet habe.

Die Große Strafrechtskommission hat sich sehr eingehend mit
dieser Frage befaßt. Sie hat sich von dem Bestreben leiten lassen,
die Zahl der möglichen Strafrahmen zu vermindern und die Straf-
schärfungs- und Strafmilderungsgründe bei den einzelnen Delikten
tatbestandlich zu fassen und zu typisieren. Ferner enthalten die
§§ 60/66 allgemeine Grundsätze für die Strafbemessung.

Ich habe nicht den Eindruck, daß die vom Entwurf vorgesehene
Regelung einen wesentlichen Fortschritt bedeutet. Die Mord- und
Totschlag-Paragraphen sind wohl etwas besser gefaßt; die rechtsstaatlich bedenkliche, sehr unbestimmte Formel der „niedrigen
Beweggründe" fehlt jetzt. Die Regelstrafe für Totschlag ist Zuchthaus nicht unter 5 Jahren; falls der Täter sich in einer heftigen
Gemütserregung zur Tat hat hinreißen lassen, Zuchthaus bis zu
10 Jahren; in minder schweren Fällen gibt es Gefängnis von 1 bis
zu 5 Jahren. Bei Motiven, die die Schuld wesentlich mindern, ist
ebenfalls Gefängnis nicht unter 1 Jahr vorgesehen. Die Strafmilderungsgründe sind also nicht kodifiziert. Der einzige sachliche Unterschied gegenüber der geltenden Regelung ist die Heraufsetzung des
Mindeststrafmaßes von 6 Monaten auf 1 Jahr. Bei Diebstahl ist die
Höchststrafe 3 Jahre Gefängnis, in besonders schweren Fällen Gefängnis nicht unter 6 Monaten. Ein besonders schwerer Fall liegt in
der Regel vor bei Einbruchsdiebstahl, Amtsdiebstahl und in anderen
Fällen. Da der höhere Strafrahmen nur „in der Regel" bei Erfüllung
der Qualifizierungsmerkmale gegeben sein soll, bleibt die Ermessensfreiheit des Richters im wesentlichen unangetastet. Dabei
soll nicht bestritten werden, daß der Entwurf eine Anzahl techni-
scher Verbesserungen bringt, indem namentlich auch Bandendieb-
stahl, gewerbsmäßiger und berufsmäßiger Diebstahl durch Mindest-
strafen, die zwingend sind, wirksamer bekämpft werden sollen.
Auch sonst hat der Entwurf bei den wichtigsten Tatbeständen Er-
schwerungsgründe kodifiziert; aber durch den Zusatz, daß bei ihrem
Vorliegen „in der Regel" der besonders schwere Fall gegeben sei,
wird die Ermessensfreiheit des Richters eben doch weitgehend

---

[22]) BGHSt. 12, 159 und 335.

wieder hergestellt. Ich tadele den Entwurf deshalb gewiß nicht, weil ich gar nicht der Auffassung bin, das richterliche Ermessen sollte mehr als bisher eingeschränkt werden. Zwischen der Gerechtigkeit des Einzelfalles und der nur durch enge Strafrahmen erreichbaren Rechtsgleichheit besteht eine echte Antinomie, bei der man sich entscheiden muß, welchem Gesichtspunkt man den Vorrang einräumt. M. E. sollte der Richter nicht gezwungen werden, eine Strafe zu verhängen, die ihm zu hoch oder zu niedrig erscheint. Das erste Anliegen bleibt, daß er die Strafe verhängen kann, die er für richtig hält, mag dies auch dazu führen, daß bei den verschiedenen Gerichten — bei denen ja auch, worauf Sarstedt mit Recht hinweist, das Laienelement Einfluß auf die Strafzumessung nimmt — nicht mit gleichen Maßstäben gemessen wird. Hier kam es mir nur darauf an, zu zeigen, daß die Entwicklung zu einer immer größeren Individualisierung der Strafzumessung geführt hat und auch der Entwurf trotz aller Versuche nach tatbestandlicher Einengung der Strafzumessung sich von dieser Linie nicht wesentlich entfernt hat.

4.

Derjenige, der in dem Schuld-Sühne-Gedanken die Grundlage und Grenzen der richterlichen Strafzumessung sieht, muß hier stehenbleiben; aber die modernen Reformer, welche die Individualisierung der Strafe auf ihr Banner geschrieben haben, verfolgen im Grunde ein weitergehendes Ziel. Sie erheben die Forderung, die Sanktionen der Persönlichkeit des Täters anzupassen, auch wenn dadurch das einer gerechten Vergeltung entsprechende Strafmaß über- oder unterschritten werden sollte. Der Entwurf hat diesen Weg bewußt abgelehnt. Zwar enthält seine neueste Fassung nicht mehr als Grundthese in § 2 den Satz „die Strafe darf das Maß der Schuld nicht überschreiten"; daß jedoch keine grundsätzliche Abkehr von dem gewählten System der Zweispurigkeit gemeint ist, zeigen die Paragraphen über die Strafbemessung. Damit ist eine Grundentscheidung gefallen, die der Individualisierung gewisse Grenzen setzt. Ob der richtige, den Grundsätzen einer modernen Kriminalpolitik entsprechende Weg eingeschlagen ist, wird nun von der Wissenschaft und allen an der Strafrechtspflege Beteiligten erörtert werden müssen. Insoweit muß ich mich, wie gesagt, darauf beschränken, meine Auffassung kurz anzudeuten. Ich habe mich wiederholt für die Streichung des Satzes, die Strafe dürfe das Maß der Schuld nicht überschreiten, ausgesprochen, und zwar aus folgenden Gründen: Die Vertreter des Schuld-Sühne-Gedankens waren bei der Polemik gegen das sogenannte Zweckstrafrecht durchaus im Recht, wenn sie darauf hinwiesen, daß die völlige Eliminierung des Schuld-Sühne-Gedankens zu Gunsten eines rationalistischen Zweckdenkens die sozial-ethische Grundlage der Rechtsordnung überhaupt verkennt. Hier liegt der richtige Kern des oft berufenen Hegelschen Satzes, daß in der Strafe der Verbrecher noch als Mensch geachtet werde. Aber daraus darf nicht gefolgert werden, daß der Richter die Rechtsfolgen der Tat lediglich nach einer doch sehr abstrakten, im luftleeren Raum schwebenden Höhe der Schuld zu bestimmen hat. Kann eine Strafe, die nur Vergeltung, Rückschlag, Reaktion ist, wirklich vor der Gerechtigkeit bestehen? Eberhard Schmidt[23]) hat das mit Recht in Frage gestellt. Gerade der Vergeltungsgedanke führt in der Praxis sehr leicht zum schablonenhaften Taxsystem, bei dem traditionale, nicht aber rationale Erwägungen die Strafzumessung beherrschen. Es mag unvermeidlich und in gewissem Umfange im Interesse der Gleichbehandlung auch wichtig sein, daß sich bei den einzelnen Gerichten Durchschnittsstrafgrößen für typische Deliktsverwirklichungen bilden; die Gefahr des Vergeltungsgedankens als alleiniger Grundlage der Strafzumessung besteht darin, daß bei der Schwierigkeit, Schuldhöhe und Strafzumessung in Beziehung zu bringen, leere Formeln das Gewissen beruhigen. Bei einem so engen Gerechtigkeitsbegriff darf man nicht stehen bleiben. Deshalb setzt sich der Gedanke mehr und mehr durch, daß die gerechte Strafe nicht allein durch den Rückblick auf die Tat, sei es auch unter Einbeziehung der Täterpersönlichkeit, bestimmt werden kann. Ich darf darauf hinweisen, daß ich schon 1952[24]) im Anschluß an Del Vecchio[25]) auszuführen versuchte, daß eine Strafe nicht lediglich deshalb als gerecht angesehen werden kann, weil durch sie ein gewisses Maß des Leidens zugefügt wird, wenn sie auf den Verurteilten schädliche Folgen haben muß. Gerade der zu Gunsten der Sühnetheorie geltend gemachte Gedanke, daß der Mensch nicht nur als Mittel für

23) ZStW. Bd. 69, S. 375.
24) ZStW. Bd. 65, S. 26 ff.
25) Revue de Science Criminelle 1951, S. 187 ff.; ferner Revue Internationale de Droit Pénal 1958, S. 411 ff.

begrenzte Zwecke betrachtet werden dürfe, muß dazu führen, bei
der Strafzumessung im Zusammenhang mit der Strafvollstreckung
das richtig verstandene Wohl des Verurteilten nicht zu vernach-
lässigen. Ist eine Strafe wirklich gerecht, die den Täter zerbricht
und den Gedanken, ihn wieder in die Gemeinschaft einzugliedern,
ganz und gar ausschaltet? Neben E. Schmidt hat namentlich Peters
in eindrucksvoller Weise dargelegt[26]), daß die Strafe nicht nur von
der Vergeltung her gesehen werden könne: Die bloß vergeltende
Betrachtung bleibe dort fruchtlos, wo es sich um das Ansprechen
des Menschen handele. Jeder Akt innerhalb des gesamten Straf-
vorganges stehe unter einer Verantwortung gegenüber dem Menschen, der ihm nach dem Recht anheimgefallen sei. Der Mensch
habe gefehlt, ihm könne für seinen Rechtsbruch nicht die eigene
Verantwortung abgenommen werden. Der Täter müsse für sein
Verhalten einstehen; aber er stehe ebenso unter dem Vorhanden-
sein schädlicher und geschädigter Anlagen, verführender und be-
drängender Umwelteinflüsse sowie unter dem Zeichen des un-
genügenden Bemühens der Gesellschaft um ihn und der mangeln-
den Fähigkeit der Umwelt, die verbrecherischen Tendenzen abzu-
fangen und umzuleiten und die im Täter vorhandenen Kräfte
positiv zur Entfaltung zu bringen.

5.

Das Ergebnis ist also, daß eine Strafe, die lediglich von dem
Schuld-Sühne-Gedanken her bestimmt ist, nur bei einer sehr
groben und schematischen Betrachtung als die eigentlich gerechte
angesehen werden kann. Schon der Gedanke der Gerechtigkeit fordert eine größere Individualisierung, als der herkömmliche Vergeltungsgedanke es ermöglicht. Es fragt sich aber, ob wir nicht
noch einen Schritt weitergehen und anderen Strafzwecken auch
dann Bedeutung für den Umfang der staatlichen Reaktion ein-
räumen müssen, wenn wir dadurch das Maß einer gerechten Sühne
überschreiten. Wohl muß ein zu enger Sühnebegriff zurückge-
wiesen werden; der Gedanke der Lebensführungsschuld und der
dem Täter angemessenen, seiner Persönlichkeit entsprechenden
Sanktion ist in jedem Falle unentbehrlich und hilft zu einer Über-
windung des schematischen Strafaxprinzipes. Aber damit sollen

---

[26]) Grundfragen der Strafrechtsreform, Seite 24.

die bestehenden, an sich überwiegenden Gegensätze nicht dialektisch fortgedacht werden. Mancher der sogenannten Vereinigungstheorien, welche die verschiedenen Strafzwecke miteinander kombinieren wollten, hing gerade der Fehler an, daß sie die Tiefe der Gegensätze nicht erkannte. Das gilt z. B. auch für die von Hippel'sche Vereinigungs-Theorie: Berücksichtigung aller Strafzwecke bei der Strafzmessung. Man kann aber den vermindert Zurechnungsfähigen nicht gleichzeitig milder bestrafen, weil seine Schuld geringer, und strenger, weil seine Gefährlichkeit größer ist oder diesem 'Abartigen gegenüber nur ernste Maßnahmen Wirkung haben. Die Kriminologen der Défense Sociale fordern vielmehr ein System, bei dem die Sanktionen grundsätzlich nicht von der Schuld, sondern von der Resozialisierungsbedürftigkeit und -fähigkeit des Täters, daneben von dem Sicherungsbedürfnis der Gesellschaft bestimmt werden. In Deutschland hat namentlich Bauer[27] diese Auffassung vertreten: Die Große Strafrechtskommission habe das moralisch nicht einwandfreie Kunststück versucht, zwei Herren zu dienen. These und Antithese würden aber dadurch nicht zur Synthese, daß man sie addiere; ein „Entweder-Oder" dürfe nicht redlicherweise zu einem „Sowohl-als auch" verfälscht werden. Wünsche man geistig eine Einheit im Kriminalrecht, so beständen nur zwei Möglichkeiten: entweder beschränke man unter Verzicht auf resozialisierende und sichernde Maßnahmen das Strafrecht auf die schuldvergeltende Strafe, oder man schaffe ein Kriminalrecht, das unter Verzicht auf Strafe ausschließlich resozialisierenden oder sichernden Charakter habe. Daraus, daß jeder irdische Richter überfordert sei, wenn er das Maß der Schuld eines Täters feststellen solle, folge die Forderung nach einem reinen Maßnahmenrecht an Stelle eines Strafrechts.

Etwas weniger radikal will Marc Ancel als Wortführer der Défense Sociale[28] das Strafrecht zwar nicht abschaffen; das Hauptgewicht soll nach seiner Ansicht aber nicht mehr auf die Beschreibung der Straftaten und die Festlegung genauer Sanktionen gelegt werden, vielmehr solle man alle diejenigen Unterscheidungen aufgeben, die mit einer angemessenen Täterbehandlung nicht in Zusammenhang stehen. Marc Ancel nennt dies eine „déjuridicisation",

---

[27] Verbrecher und Gesellschaft, Seite 252.
[28] La défense sociale nouvelle, Seite 122 ff.

3*

wobei er für den häßlichen Neologismus um Entschuldigung bittet; deutsch würde das wohl „Entjuristifizierung" heißen müssen. Er bringt als Beispiel die allzu komplizierte Vorsatztheorie, ferner die Fiktion, daß der Täter das Strafgesetz kenne. Auch bei der Versuchstheorie und bei der Teilnahme habe die rein juristische Technik über die soziale Realität gesiegt. So seien die subtilen Unterscheidungen über den „Beginn der Ausführung" zur Abgrenzung von Vorbereitungs- und Versuchshandlungen überflüssig, ebenso die Theorie des „unmöglichen Delikts", mit der man in Frankreich die Fälle des absolut untauglichen Versuchs ausschalten wollte. Er lobt statt dessen die Regelung des italienischen Strafgesetzbuches von 1930 und des Cubanischen Code de defense sociale (Art. 49), nach denen beim absolut untauglichen Delikt Maßnahmen der Sicherung ergriffen werden können, wenn der Täter durch den Versuch seine Gefährlichkeit bewiesen hat. Auch im Besonderen Teil sei eine weitgehende Vereinfachung notwendig. So habe beispielsweise das Grönländische Strafgesetzbuch bezüglich der Körperverletzung nur einen einzigen Paragraphen; der Richter wende bei allen Fällen der Körperverletzung die Sanktionen an, die er bei diesem Täter für geeignet hält.

Gegenüber dem naheliegenden Einwand, daß dadurch Grundsätze der Rechtsstaatlichkeit verletzt werden können, wehrt sich Marc Ancel mit dem Hinweis, daß das angestrebte Maßnahmensystem ebenfalls an strenge gesetzliche Voraussetzungen geknüpft werden solle. Der von Liszt'sche Satz, das Strafrecht sei die unübersteigbare Barriere der Sozialpolitik, bleibe bestehen, niemand wolle eine rein auf Ermessen gegründete soziale Hygiene.

So einfach liegen indessen die Dinge m. E. doch nicht. Ein reines Maßnahmensystem muß mit rechtsstaatlichen Grundsätzen in unüberbrückbaren Widerspruch geraten. Das zeigt schon das Marc Ancel'sche Beispiel der Versuchslehre. In fast allen Strafgesetzbüchern wird der Versuch bestraft; es muß also entschieden werden, wo der Versuch beginnt und wie weit die straflose Vorbereitungshandlung geht. Wenn man den absolut untauglichen Versuch nicht bestrafen, sondern statt dessen Maßnahmen ergreifen will, wenn der Täter durch den Versuch seine Gefährlichkeit erwiesen hat, so ist das eine mögliche Lösung; aber der bloße Gedanke an ein Delikt, die entfernteste Vorbereitungshandlung, kann nicht mit

Strafen und ebensowenig mit Maßnahmen vergolten werden, wenn man nicht jede rechtsstaatliche Sicherung aufgeben will. Man kann die Strafbarkeit vorverlegen und etwa schon die versuchte Anstiftung, Verabredungen, das Sich-Bereiterklären zum Verbrechen unter Strafe stellen, wie dies in § 49 a unseres Strafgesetzbuches geschehen ist. Aber gerade dessen Geschichte zeigt eindringlich, daß hier feste Grenzen notwendig sind. Als bis zur Neufassung des § 49 a StGB durch das Dritte Strafrechtsänderungsgesetz vom 4. 8. 1953 noch die versuchte Beihilfe zum Verbrechen strafbar war, wiesen Schwarz und andere mit Recht darauf hin, daß der Gehilfe früher bestraft werde als der Täter, der sich noch im reinen Vorbereitungsstadium — Beschaffen des Werkzeugs — befinden mag. Dies zeigt deutlich, daß Versuch und Vorbereitungshandlung mit juristischer Technik klar von einander geschieden werden müssen. Es ist keine Lösung, hier allein auf die Gefährlichkeit des Täters abzustellen, denn auch diese Gefährlichkeit muß durch tatbestandsmäßige Handlungen festgestellt werden, wenn anders man nicht dazu kommen will, daß beliebige Symptome der Gefährlichkeit für weitgehende Eingriffe genügen.

Nicht nur beim Versuch, auch bei der Teilnahme und ganz allgemein muß der Gedanke einer Lockerung der juristischen Technik gegen rechtsstaatliche Erfordernisse verstoßen und Schiffbruch erleiden.

Man darf vielleicht in der Warnung vor einer Überbewertung der juristischen Technik die methodische Forderung sehen, dem Zweckgedanken mehr Raum zu geben; im Bereiche des Strafrechts heißt das, daß auch in der Dogmatik an Stelle von Wortinterpretationen, rein logischen Erwägungen, Berufungen auf den Willen des Gesetzgebers, wie er aus den Materialien entnommen wird, kriminologische Gesichtspunkte in der Vordergrund zu rücken haben. So verstanden, hat der Gedanke seine Berechtigung. Aber diese Forderung ist nicht erst von der Défense Sociale erhoben worden, sondern wird in der deutschen Strafrechtswissenschaft seit langem erörtert. Ich habe gelegentlich darauf hingewiesen[29]), daß bei einem Vergleich der Begründungen in älteren Reichsgerichts-Entscheidungen mit denen in Urteilen des Bundesgerichtshofes eine tiefgehende Umwandlung unseres Rechtsdenkens nicht zu verkennen

---

[29]) ZStW. Bd. 70, S. 1 ff.

ist. Auch die Lehre gibt kriminologischen Erwägungen weiten
Raum[30]). Die Behauptung von Würtenberger[31]), daß Kriminologie
und Strafvollzugskunde von der deutschen Strafrechtswissenschaft
in auffallender Weise vernachlässigt würden, vermag ich deshalb
nicht zu teilen.

6.

Wenn man die „dejuridicisation", wie sie Marc Ancel für notwendig hält, auf ein vernünftiges Maß zurückführt, bleibt die bereits oben angedeutete Frage, ob ein auf die Täterpersönlichkeit
bezogenes Sanktionsystem mit der rechtsstaatlichen Ordnung vereinbar ist. Hier erheben sich sofort allerschwerste Bedenken. Das
Anliegen der Anhänger der Défense Sociale beschränkt sich nicht
darauf, nur die Höhe der Strafe oder die Dauer der Sanktion nach
anderen Gesichtspnkten zu bestimmen — nämlich nicht nach der
Tat, sondern nach der Erziehungsbedürftigkeit und -fähigkeit des
Täters —, sondern geht weit darüber hinaus. Im übrigen erstrebt
nicht nur die Défense Sociale eine Behandlung („traitement") des
Täters an Stelle einer Bestrafung, sondern auch in der Section de
défense sociale der ONU, der Vertreter aller großen Strafrechts-
und Kriminologen-Vereinigungen angehören, wird offiziell von der
Behandlung des Täters, die an Stelle der Strafe treten müsse, gesprochen. Darunter fallen sowohl freiheitsbeschränkende Maßnahmen
als auch Behandlungen in Heilanstalten oder Erziehungsinstituten[32]).
Hierbei ist teils gedacht an Maßnahmen, die an Stelle von Strafen
treten sollen, etwa Heilbehandlungen, Gruppentherapie, ambulante
Psychotherapie, teils an den allmählichen Übergang von der ge-
schlossenen Anstalt zur Freiheit, wobei eine besondere Rolle der
bedingten Strafaussetzung und der bedingten Strafentlassung unter
Anordnung von Bewährungsauflagen zukommen soll. Nun ist es
einleuchtend, daß bei reinen freiheitsentziehenden Maßnahmen,
mag man sie Strafe oder Maßnahme nennen, die Dauer unbestimmt
sein kann, der Täter aber von vornherein weiß, womit er im

---

30) Vgl. Sauer, MonKrim. 1957, S. 105 ff.; Lange, ZStW Bd. 65, S. 75;
Engisch, ZStW. Bd. 66, S. 383 ff.; für das Ausland vgl. Pinatel, Criminologie
et Droit Pénal, Revue de Science Criminelle 1953, S. 595 ff.; van Vrij, L'in-
fluence de la criminologie sur l'évolution du procès pénal, Revue de Science
criminelle 1953, S. 233.
31) Die geistige Situation der Strafrechtswissenschaft, S. 37.
32) Marc Ancel a.a.O., S. 149.

Höchstfall zu rechnen hat. Das ist anders, wenn der Schuldige einer Heil- oder Erziehungsbehandlung ausgesetzt wird, die in ihrer Art und Auswirkung nicht von vornherein gesetzlich bestimmt ist. Man nehme an, ein Gericht halte zur Behandlung des Täters eine Psychotherapie, eine Schockbehandlung oder eine Arbeitserziehung für erforderlich. Sofort erhebt sich die Frage, ob der Verurteilte durch die Straftat das Recht verwirkt hat, dabei mitzureden, ob also die Maßnahme gegen seinen Willen durchgeführt werden kann.

Die Anhänger der Défense Sociale haben die Problematik unbestimmter Heil-, Erziehungs- und Resozialisierungsmaßnahmen wohl erkannt. Nicht nur in dem Werk von Marc Ancel, sondern auch in zahlreichen Aufsätzen in der Zeitschrift „Difesa sociale" wird betont, daß sich im System einer sozialen Verteidigung volle rechtsstaatliche Bestimmtheit erreichen lasse. Man versucht das auf zweierlei Wegen: Die Voraussetzung des état dangereux, die Gefährlichkeit des Täters, soll mit wissenschaftlich klaren und eindeutigen Mitteln herausgearbeitet werden. Diesem Problem hat sich auch der 2. Pariser Kongreß für Kriminologie 1954 gewidmet. Ferner sollen die zulässigen Maßnahmen durch den Gesetzgeber bestimmt und nur unter strenger gerichtlicher Kontrolle angewendet werden[33]. Aber diese Zusicherungen können nicht beruhigen; eine virtuelle Gefährlichkeit läßt sich allenfalls aus den bereits begangenen Straftaten ableiten, wie es § 20 a StGB vorsieht, kaum aus einer allgemeinen Analyse des Menschen. Was die beabsichtigten Maßnahmen betrifft, so betont Gramatica, der Gründer der Défense Sociale[34], die Maßnahmen müßten ganz individuell dem Grade der Gefährlichkeit angepaßt werden, dabei könnten die Unterschiede zwischen zivilrechtlicher, verwaltungsrechtlicher, strafrechtlicher Sanktion verschwinden. Gegenüber der immer wiederholten Versicherung, die Sanktionen sollten der Art nach rechtsstaatlich bestimmt sein, ist festzustellen, daß es bis heute trotz der umfangreichen Literatur nicht unternommen worden ist, das System der Maßnahmen so zu umreißen, daß rechtsstaatliche Bedenken ausgeräumt werden.

---

[33] Vgl. Bouzat, L'individualisation des peines et des mesures, Veröffentlichungen des Institut de Droit Comparé, S. 286 ff.; vgl. ferner die Entschließungen des 4. Kongresses der sozialen Verteidigung, Mailand, Nr. 3, 6, 8 in ZStW. Bd. 68 S. 333.
[34] Revue internationale de défense sociale 1955, S. 16, 17 u. 18.

7.

Besonders deutlich wird dies bei den Bewährungsauflagen. Nach dem Vorbild des englischen Probation-Systems[35]) kann der Richter bei Gewährung der bedingten Strafaussetzung oder der bedingten Strafentlassung dem Verurteilten Bewährungsauflagen machen. Der Entwurf 1959 unterscheidet in den §§ 74 und 75 Auflagen, welche der Genugtuung für das begangene Unrecht dienen, und Weisungen, die den Zweck haben, dem Verurteilten zu helfen, künftig ein gesetzmäßiges Leben zu führen. Baumann[36]) und Bruns[37]) haben die Rechtsgrundlage und die Zulässigkeitsgrenzen der strafrichterlichen Auflagen einer kritischen Untersuchung unterzogen; unter den Staatsrechtslehrern hat besonders Düring im Kommentar zum Grundgesetz, Art. 2, S. 66 ff., dieses Problem behandelt. Es fragt sich hier namentlich, ob das Prinzip der Gesetzesbestimmtheit der richterlichen Sanktion durch die Vielzahl der möglichen Weisungen und Auflagen beeinträchtigt wird.

Baumann und Bruns fürchten, daß die Entwicklung noch zu einer völligen Abschaffung der Strafe und einer umfassenden sozialen Vormundschaft des Staates über den Bürger durch die modernen Kriminalgerichte führen wird. In der Tat sind die Weisungsmöglichkeiten des Gerichts auch nach der neuesten Fassung des § 75 des Entwurfes recht unbestimmt. Namentlich die Ziffern 1 und 3 kommen hier in Frage. Es heißt dort:

„Der Richter kann ihn namentlich anweisen,

1. Anordnungen zu befolgen, die sich auf Aufenthalt, Ausbildung, Arbeit oder Freizeit oder auf die Ordnung seiner wirtschaftlichen Verhältnisse beziehen,
   . . . . .
3. nicht mit bestimmten Personen oder Personen bestimmter Gruppen zu verkehren, sie zu beschäftigen, auszubilden oder zu beherbergen, wenn sie ihm Gelegenheit oder Anreiz zur Begehung weiterer Straftaten bieten können, . . .".

Auf die Bedenken gegen allzu weite Anweisungsmöglichkeiten habe ich in meiner Kritik des Entwurfs auf der Strafrechtslehrer-

---

[35]) vgl. Crime Justice Act 1948, herausgegeben von Sieverts, § 2.
[36]) GA 1958, S. 193 ff.
[37]) GA 1959, S. 193 ff.

Tagung 1958 hingewiesen[38]). Bruns[39]) führt als Beispiele die folgenden Auflagen an, die von Gerichten erteilt worden sind: Der Verurteilte habe das verführte oder durch Körperverletzung entstellte
Mädchen zu heiraten, den Verkehr mit seiner Braut, weil diese eine
Dirne sei, abzubrechen, sich von der von ihm verkuppelten Tochter
zu trennen, nach langjähriger Trennung zur Familie zurückzu-
kehren; eine wegen Abtreibung bestrafte Ehefrau sollte von der
Vollstreckung verschont bleiben, wenn sie für ihre Kinder Spar-
konten einrichte und 5 Jahre darüber nicht verfüge. Ein Straf-
senat des Kammergerichts hat unter meiner Mitwirkung einem
Verurteilten die Auflage gemacht, sich einer psychotherapeutischen
Behandlung zu unterziehen. Der Bundesgerichtshof[40]) hat ein Be-
rufsverbot bezogen auf politische Nachrichtentätigkeit auch außer-
halb der Voraussetzungen des § 42 l StGB für zulässig gehalten[41]).
Gegenüber den verfassungsrechtlichen Bedenken hinsichtlich dieser
Auflagen hat man geltend gemacht, daß sie ein Minus gegenüber
den Beschränkungen des Gefangenen in der Strafanstalt darstellten,
und daß der Strafgefangene sich in einem besonderen Gewaltver-
hältnis befinde, das eine weitergehende Einschränkung zulasse. Ob
diese Auffassung haltbar ist, erscheint mir nach den eingehenden
Ausführungen von Bruns zweifelhaft. Ich will aber hier dieses schwie-
rige staatsrechtliche Problem nicht angehen, da es mir auf die
kriminal-politische Seite ankommt. Bruns geht m. E. zu weit, wenn
er annimmt, daß die Strafjustiz „an dieser Stelle, ohne es zu
merken, bereits den mit der sozialen Verteidigung verbundenen
Gefahren erlegen ist"; mit der amtlichen Begründung zum Entwurf[42]) nehme ich vielmehr an, daß das Bestreben, die Entwicklung
nicht von vornherein in enge und möglicherweise unrichtige Bahnen
zu lenken, gegenüber den Bedenken, die im Schrifttum gegen die
nur beispielhafte Aufzählung der Auflagen erhoben worden sind,
das Übergewicht hat. Es muß Wissenschaft und Rechtsprechung
überlassen bleiben, die Vorschrift des § 305 a StPO,' nach der
unzumutbare Eingriffe in die Lebensführung unzulässig sind, zu
entwickeln; eine genaue rechtsstaatliche Aufzählung der Auflagen,

---

38) ZStW Bd. 70, S. 11.
39) a.a.O.
40) BGHSt. 9, 259.
41) Vgl. Peters in JZ. 1957, S. 65.
42) § 77, S. 78.

wie Bruns sie fordert, dürfte zur Zeit noch nicht möglich sein. Sicher ist allerdings folgendes: Was in dem engen Rahmen der Strafaussetzung zur Bewährung noch vertretbar erscheint, ist es kaum, wenn der Richter allgemein an Stelle einer Strafe Auflagen und Weisungen, die so wenig gesetzlich konkretisiert sind wie im Entwurf, verhängen dürfte.

8.

Schon nach geltendem Recht hat man versucht, das Maßnahmensystem dadurch einzuschränken, daß man eine gewisse Proportionalität zwischen der begangenen strafbaren Handlung und der Sanktion fordert. Andeutungen finden sich in der Rechtsprechung des Bundesgerichtshofes. So wird in einer Entscheidung[43]) ausgeführt: Das Urteil über die Gefährlichkeit des Verbrechers setze voraus, daß die begangene Straftat eine solche von erheblichem Schuld- und Unrechtsgehalt sei und auch für die Zukunft Straftaten zu erwarten seien, die den Rechtsfrieden erheblich stören; das begangene Unrecht müsse sich als erhebliche Verletzung der Rechtsordnung kennzeichnen und für die Zukunft Straftaten von erheblichem Gewicht befürchten lassen. Bei der Unterbringung in einer Heil- und Pflegeanstalt dagegen hat der Bundesgerichtshof eine relativ geringe Verletzung, etwa eine Beleidigung[44]), für ausreichend erachtet. Es erscheint mindestens fraglich, ob es mit den Grundgedanken der Maßregel, die aus Anlaß der Straftat verhängt wird, vereinbar ist, eine Proportionalität zwischen Straftat und Maßnahme zu fordern. Im Jugendstrafrecht, das nach den Entschließungen des 5. Internationalen Kongresses für nationale Verteidigung in Stockholm[45]) mit seinen Grundsätzen Vorbild für das Erwachsenenstrafrecht werden soll, wird eine solche Proportionalität überwiegend nicht gefordert[46]). Der Entwurf fordert eine Würdigung von Täter und Tat. An die Schwere der Straftat werden keine besonderen Voraussetzungen geknüpft, es ist nur erforderlich, daß die Gefahr künftiger erheblicher Straftaten besteht.

---

43) BGHSt. 1, 101.
44) BGHSt. 5, 140.
45) ZStW. Bd. 70, S. 696.
46) Dallinger-Lackner, JGG., § 5 Anm. 14; vgl. dagegen die sehr bemerkenswerten Ausführungen von Hellmer, Strafe und Erziehung, S. 156, der auch für das Jugendrecht eine Verhältnismäßigkeit der Reaktion — und zwar nicht nur bei der Strafe. sondern auch bei Zuchtmitteln und Erziehungsmaßnahmen — zu der Schwere der begangenen Verfehlung für erforderlich hält.

Aus der Fassung des Entwurfs dürfte zu schließen sein, daß nicht
nur aus den Straftaten selbst, sondern auch aus der Gesamtpersönlichkeit des Täters auf die Gefährlichkeit geschlossen werden kann.
Besonders bemerkenswert ist, daß bei der vorbeugenden Verwah-
rung für junge Täter zwar eine Strafe von mindestens 6 Monaten
verwirkt sein muß, aber die Vortaten auch lediglich mit Erzie-
hungs- oder Zuchtmitteln geahndet sein können. Gegen diesen
Punkt haben Erzieher ernste Bedenken erhoben; von einer Proportionalität kann hier sicherlich nicht gesprochen werden.

Bei einem konsequent durchgeführten Maßnahmensystem ent-
sprechend der Täterpersönlichkeit könnte also der Gedanke der
Proportionalität zwischen Schwere der Tat und den zu ergreifenden
Maßnahmen schwerlich aufrecht erhalten werden.

9.

Schon aus diesem Grunde muß ein System der konsequenten
Individualisierung der strafrechtlichen Sanktion im Sinne der
Forderungen der Défense Sociale abgelehnt werden.

Ich will dabei ganz davon absehen, daß nach dem heutigen Stand
der Prognosenforschung es mindestens zweifelhaft erscheint, ob
eine einigermaßen sichere Voraussage möglich ist. Noch gibt es auf
diesem Gebiet eine große Anzahl von Vorschlägen und Punkt-
Systemen[47]). Es mag sein, daß alle diese in sich verschiedenen
Systeme der bloßen Intuition überlegen sind; auch der Richter wird
nach dem Entwurf wie auch bereits nach dem geltenden Gesetz gar
nicht umhinkönnen, Prognosen zu stellen[48]). Aber es erscheint
nach dem heutigen Stand der Wissenschaft vermessen, den Richter
von der Bindung an die Tat zu befreien und ihm soziale und für-
sorgerische Aufgaben anzuvertrauen, für welche die wissenschaftlichen Voraussetzungen fehlen.

10.

Ich bin weiter der Auffassung, daß der Entwurf recht daran ge-
tan hat, grundsätzlich vom Schuld-Sühne-Gedanken auszugehen.

---

[47]) Übersicht bei Meyer, ZfKrim. 59, S. 214 ff.
[48]) §§ 58, 88, 89 I, 90 I Nr. 3, 98 Abs. 1, § 163 Abs. 1, § 105, § 111
Abs. 1, zusammengestellt von Meyer a.a.O.

4*

Ich habe diesen Gesichtspunkt bewußt nicht in den Vordergrund gerückt, denn es handelt sich insofern weitgehend um eine Weltanschauungsfrage, die sich schlecht zu einer wissenschaftlichen Diskussion eignet. Vorliegend muß ich mich darauf beschränken zu prüfen, wie eine größere Individualisierung der Sanktionen ohne grundsätzliche Abkehr vom Schuld-Sühne-Strafrecht denkbar ist. Die Schwierigkeit liegt darin, daß im Einzelfall Präventions- und Sühne-Gesichtspunkte sich widersprechen können. Ein System, daß der Prävention, entsprechend der Persönlichkeit des Rechtsbrechers, größeren Einfluß einräumt, hat nur dann Sinn, wenn die Kriterien klar werden, nach denen im Einzelfall verfahren werden soll. Die Fanatiker des Präventionssystems auf der einen Seite, des Vergeltungsstrafrechts auf der anderen Seite, leugnen die Vereinbarkeit beider Gesichtspunkte. Bezeichnend sind die oben angeführten Äußerungen Bauers über die mangelnde Redlichkeit bei den Versuchen, das Vergeltungsstrafrecht mit Präventionsgedanken zu vereinen, und auf der anderen Seite die bekannte Äußerung Langes, der Schuld-Sühne-Gedanke sei nicht eine Kutsche, aus der man beliebig aussteigen könne. Aber die Entwicklung ist doch über diese extremen Standpunkte hinweggegangen. Es gilt jetzt, die Voraussetzungen festzulegen, unter denen zwingende kriminalpolitische Erwägungen bei Feststellung der Sanktionen Berücksichtigung finden können.

Das ist in zweifacher Weise möglich: Durch Unterschreitung des durch die Vergeltung gebotenen Strafmaßes, wenn der Täter nicht resozialisierungsbedürftig ist, und durch Überschreitung, wenn nur eine längere Einwirkung Erfolg verspricht.

Eine Unterschreitung haben wir heute schon praktisch im materiellen Recht in der Möglichkeit, in besonderen Fällen von Strafe abzusehen[49]), und im Prozeßrecht in der Einstellung des Verfahrens wegen Geringfügigkeit[50]). Auf die Parallelität von Prozeß- und Sachentscheidungen bei dieser Frage hat Peters hingewiesen[51]); er schildert zwei Fälle: In einem entschloß sich die Mutter, mit einem mißgestalteten Kind gemeinsam aus dem Leben zu scheiden; der Versuch mißlang. In einem anderen Falle lag fahrlässige Tötung

---

[49]) vgl. §§ 82, 157, 158 Abs. 1, 175 Abs. 2, 316 a Abs. 2 StGB.
[50]) vgl. § 153 StPO.
[51]) ZStW. Bd. 68, S. 397.

eines Kindes durch Verbrennung infolge nicht genügender Aufmerksamkeit der das Kind an sich zärtlich liebenden Mutter vor. In beiden Fällen fehlt es nach Peters am Sinn der Strafe. Im ersten Fall konnte die Strafe auf die Ehe und die weitere Entwicklung der Persönlichkeit nur zerstörend wirken; im zweiten Fall konnte eine Strafe der furchtbaren Belastung der Mutter nichts mehr an vergeltender oder sühnender Kraft zufügen. Die Praxis hilft sich nach Peters in solchen Fällen im Beweisrecht durch Zweifel an der Zurechnungsfähigkeit oder an der Fahrlässigkeit. Dieser Weg ist rechtsstaatlich bedenklich. Es läßt sich m. E. auch nicht vertreten, materiell ein Absehen von Strafe in solchen Grenzfällen zuzulassen. Bei der natürlichen Tendenz der Gerichte zur Milde und der emotionalen Ansprechbarkeit der Laienrichter muß auf eine befriedigende Lösung der Grenzfälle verzichtet werden. Über die Strafaussetzung zur Bewährung und die Möglichkeit eines Gnadenaktes darf nicht hinausgegangen werden.

Weitaus wichtiger sind die Fälle der Überschreitung, in denen eine längere Einwirkung auf den Täter erforderlich ist. Es ist zunächst klarzustellen, daß dies nur bei bestimmten Täterkategorien unter gewissen klar bestimmbaren Voraussetzungen zulässig sein darf. Denn es kann nicht in der Willkür des Richters liegen, Präventions- oder Sühnegesichtspunkte in den Vordergrund zu rücken. Es ist nicht vertretbar, wie im Jugendrecht prinzipiell die geeigneten Erziehungs-, Heil- oder Resozialisierungsmaßnahmen an Stelle von Strafe treten zu lassen. Auch die Unterteilung von Peters[52]), nach dem die Zufalls- und Gelegenheitskriminalität, soweit bei ihr nicht im Einzelfall Grund zur Annahme einer tieferen Verwurzelung besteht, auf der Grundlage des Tatstrafrechts zu behandeln ist, die Kriminalität mit stärkerer Persönlichkeitskomponente eine Behandlung nach Tätergesichtspunkten erfordert. trifft zwar im Kern das Richtige, seine Grundsätze bedürfen aber einer weit genaueren Ausarbeitung und Präzisierung. Im wesentlichen wird es sich doch wohl um die Fälle handeln, in denen der Entwurf Maßnahmen der Sicherung und Besserung vorsieht, also in erster Linie bei Hangtätern oder solchen, die sich hierzu zu entwickeln drohen, ferner bei Abartigen, vermindert Zurechnungsfähigen und arbeitsscheuen Elementen. Hier würde ich die Einheits-

---

[52]) Grundfragen der Strafrechtsreform. S. 22 Anm. 18.

sanktion dem vom Entwurf gewählten System der Zweispurigkeit vorziehen. Es ist den Verfassern des Entwurfs aber gelungen, ein so elastisches System von beiden Sanktionsarten mit einer Ersetzbarkeit der einen durch die andere, einer sogenannten Vikariierung, auszuarbeiten, so daß der Unterschied nicht allzu groß ist.

11.

Wesentlich wird jedoch sein, den Strafprozeß den Erfordernissen einer besseren und tieferen Erkenntnis der Persönlichkeit anzupassen[52a]. Die Anhänger der Défense Sociale meinen, daß dies nur durch eine Zweiteilung des Prozesses nach englischem Vorbild erreicht werden könne. Die erste Phase solle mit dem Schuldspruch endigen; dann erst solle durch Gremium von Richtern und Sachverständigen die für den Täter angemessene Behandlung festgestellt und die entsprechende Sanktion ausgesprochen werden. In dem vom Zentrum für Studien der sozialen Verteidigung in Paris 1954 herausgegebenen Werk über die Individualisierung von Strafen und Maßnahmen haben hervorragende Strafrechtler wie Bouzat sich für eine solche Zweiteilung ausgesprochen. Weniger radikal ist die Lösung, die Sanktionen nicht von vornherein einer zweiten Prozeßphase zu überlassen, sondern dem Vollstreckungsrichter weitgehende Entscheidungsgewalt hinsichtlich der Art und Dauer der Vollstreckung der durch das Gericht gleichzeitig mit dem Schuldspruch ausgesprochenen Strafen und Maßnahmen zu verleihen.

Gegen eine Zweiteilung hat man von jeher eingewandt, daß schon beim Schuldspruch Tat und Täter gewürdigt werden müßten; nur wenn man in der zweiten Phase von der Tat völlig absehen wolle, wäre eine Trennung überhaupt denkbar. In diesem Falle müßten dann aber die Feststellungen über die Tatausführung, in der sich die Persönlichkeit des Täters offenbart hat, erneut bewiesen werden. Lehnt man ein System, das die Sanktionen ohne Rücksicht auf die Art der Tat nur nach der Persönlichkeit des Täters anordnet, ab, so ist die Zweiteilung des Prozesses nicht gut möglich.

[52a] Dies ist von Würtenberger in seiner schönen und gedankenreichen Schrift „Die geistige Situation der deutschen Strafrechtswissenschaft", S. 90 ff., besonders herausgearbeitet worden.

Sinnvoll ist es dagegen, alle die nachträglichen Entscheidungen, die im Laufe der Vollstreckung notwendig werden, nicht dem erkennenden Gericht, sondern einem Vollstreckungsrichter zu überlassen, wie das durch das bereits erwähnte französische Gesetz vom Dezember 1958 in Frankreich vorgesehen ist. Bereits nach geltendem Recht sind zahlreiche Fragen im Zusammenhang mit Bewährungsfrist, bedingter Entlassung und Vollstreckung der Maßregeln vom Richter zu prüfen. Nach dem Entwurf mit seinem verfeinerten und komplizierten System wird die Bedeutung solcher Entscheidungen außerordentlich zunehmen. Gegenwärtig sind hierfür die erkennenden Gerichte, für die Nachprüfung die Oberlandesgerichte, zuständig. Es handelt sich um Entscheidungen vom „grünen Tisch" her auf Grund der Akten, wobei der Richter in eine nicht immer förderliche Abhängigkeit von dem Gutachten der Strafanstalt gerät. Man wird es nicht umgehen können, schon mit der materiellen Neuordnung des Strafen- und Maßnahmensystems die Frage zu prüfen, ob nicht ein besonderer Vollstreckungsrichter oder eine Vollstreckungskammer, wie Grunau[53]) vorgeschlagen hat, am Ort der Strafanstalt einzusetzen ist. Hierdurch würde nicht nur das Anliegen einer richterlichen Kontrolle des Strafvollzuges, die bisher nur in der unbefriedigenden Form der Verwaltungsgerichtsbarkeit realisiert ist, erfüllt werden, sondern es könnte hier über die Art der Vollstreckung ein Richter entscheiden, der den Gefangenen nicht nur aus den Akten kennt.

Es scheint ferner erforderlich, die Persönlichkeitsforschung schon vor der Hauptverhandlung weiter zu entwickeln. Das geschieht in verschiedenem Umfang bereits heute; die Ermittlungen der Staatsanwaltschaft sollen sich nach § 160 Abs. 3 StPO auch auf die Umstände erstrecken, die auf die Strafbemessung und auf die Anordnnng von Maßregeln der Sicherung und Besserung von Bedeutung sind[54]). Daß die Persönlichkeitsforschung nicht unbeschränkt sein darf, hat Peters[55]) mit Recht hervorgehoben. Sie muß ihre Grenzen finden im Persönlichkeitsrecht des Angeklagten; auch wäre bei der großen Zahl der kleineren und mittleren Delikte mit geringem Persönlichkeitseinschlag eine genaue Durchforschung der Persönlichkeit

---

53) ZStW. Bd. 70, S. 516.
54) vgl. die Richtlinien §§ 21 und 23.
55) Lehrbuch des Strafprozesses, S. 423.

des Täters sinnlos und undurchführbar. Hier besteht eine Parellele zur Erforschung der Strafzumessungstatsachen. Wimmer[56]) hat hinsichtlich der letzteren gelegenlich den Begriff der „Normaldeutigkeit" geprägt. Richtungsweisend ist auch das französische Gesetz, welches das dossier de la personalitée nur bei Verbrechen vorschreibt. Erforderlich erscheint es jedenfalls, daß diese Ermittlungen nicht Staatsanwalt und Polizei vorbehalten, sondern der sozialen Gerichtshilfe, die über ausgebildete Persönlichkeiten verfügen muß, anvertraut werden. Unentbehrlich erscheint es weiterhin, die Feststellungen zur Persönlichkeit nach den allgemeinen Grundsätzen in den Prozeß einzuführen, anders als nach heutigem Recht, wo der Bericht der sozialen Gerichtshilfe nur ein nicht verlesungsfähiges Leumundszeugnis darstellt. Gewisse Vorarbeiten finden sich in einer Arbeit von Nass[57]). Er hat einen umfangreichen Fragebogen ausgearbeitet, und zwar über den Lebenslauf, dann einen Ermittlungsfragebogen, schließlich einen Milieufragebogen. Auch hier steht die Wissenschaft noch sehr am Anfang. Erst längere Erfahrung wird zu wissenschaftlich gesicherten Ergebnissen führen können. Aber die Zielsetzung scheint mir die richtige zu sein. Wenn einmal die Grenzen einer möglichen Individualisierung von Strafen und Maßnahmen erkannt sind, muß im Rahmen des als richtig erkannten Strafrechtssystems versucht werden, der Persönlichkeit des Täters besser gerecht zu werden, als es bisher geschehen ist.

---

[56]) DRZ 1950, 272.
[57]) Erforschung der Täterpersönlichkeit im Ermittlungsverfahren, 1958.